L'enfant, l'adolescent

et la *chose publique*

Projet démocratique et pratiques éducatives

Yann Le Pennec

L'enfant, l'adolescent

et la *chose publique*

Essai

© 2024 Yann Le Pennec

Édition : BoD – Books on Demand, info@bod.fr
Impression : BoD – Books on Demand, In de Tarpen 42, Norderstedt (Allemagne)

Impression à la demande

Couverture : Tableau de Marion Le Pennec

ISBN : 978-2-3225-2115-9
Dépôt légal : Janvier 2024

*L'éducation est l'arme la plus puissante
qu'on puisse utiliser pour changer le Monde.*

Nelson Mandela

En 1979, un rapport de l'UNESCO concernant les droits et les responsabilités des jeunes faisait le constat que « dans le monde actuel, la jeunesse en tant que groupe social, est, en général, tenue à l'écart, aussi bien des processus socio-politiques qui aboutissent à la reconnaissance juridique de ses droits, que des modalités pratiques de sa mise en œuvre [1] » .

En 1989, la Convention internationale des droits de l'enfant, ratifiée par l'État français, stipulait que « les enfants et les adolescents sont titulaires des mêmes droits fondamentaux que les adultes » ... bien qu'ils n'en aient, évidemment, pas le plein exercice. Elle comporte 7 articles concernant les libertés concrètes dont les enfants et les adolescents pourront revendiquer l'exercice qui les projette, dès leur naissance, en tant que futur-et-déjà citoyens dans une République et une démocratie.

---

[1] Patriarchos Pr. (1979, Droits et responsabilités des jeunes, UNESCO, N°6, page 64.

Un demi-siècle plus tard, force est de constater qu'au regard de la désaffection croissante des jeunes de 18 à 35 ans pour le suffrage universel, lors des plus récentes élections, le rapport de l'Unesco, reste pertinent. Cet essai expose les ressources disponibles et propres à générer une culture éducative intégrant le projet démocratique. Il avance des propositions de nature à inventer de nouvelles modalités de rapports entre enfants, adolescents, parents et éducateurs afin que le système éducatif global, au travers des différents stades de leur maturation, dispose les enfants et les adolescents à s'intéresser à la chose publique.

Dans son Traité politique Spinoza observait, en 1677 :« Il est certain que les séditions, les guerres et le mépris ou la violation des lois sont imputables non tant à la malice des sujets qu'à un vice du régime institué. Les hommes ne naissent pas citoyens, mais ils le deviennent ».

Avant d'exposer, dans une deuxième partie, les propositions relatives à une culture éducative intégrant, par ses pratiques, *le projet démocratique*, seront d'abord mis en évidence, quelques aperçus, et, à titre d'illustrations, les balbutiements et les avatars du statut de l'enfant et de l'adolescent, ici et là, et à diverses époques.

PREMIÈRE PARTIE
UN STATUT INCERTAIN

De la survie à l'existence.

Les conceptions concernant son existence même fondent toute réflexion ou pratique des libertés de l'enfant.

Dans la Grèce antique, Hippocrate s'interroge ainsi sur les caractéristiques des enfants qu'il faut laisser vivre. Soranos propose de définir la puériculture comme l'art de décider quels nouveau-nés méritent qu'on les élève[2]. Il s'agit, à l'époque, de l'attitude d'une société toute entière [3]

Le droit romain, inspiré par la philosophie grecque, soucieux de justice et d'humanité, ayant valeur de raison écrite, selon certains auteurs, néglige totalement la progéniture de ses citoyens.

---

[2] ETIENNE R. La conscience médicale antique et la vie des enfants. InPernoud L. (1980, *La femme aux temps des cathédrales*, Paris : Stock.

[3] Ibidem, page 64.

Cicéron, que l'on ne peut accuser d'inhumanité, pensait que «la mort d'un enfant se supporte aequo animo (d'une âme égale)». Sénèque juge raisonnable de noyer les débiles et les faibles. Tacite qualifie d'excentrique la coutume des juifs de ne vouloir supprimer aucun nourrisson, et quand Justinien évoque le respect des chrétiens pour la vie de l'enfant, il précise : « fut-il nouveau-né [4]

A Sparte, cité militaire et aristocratique par excellence, l'enfant mâle, promis au métier des armes, est laissé aux soins des femmes jusqu'à l'âge de sept ans. A partir de cet âge, le jeune Spartiate est pris en main par l'État. Jusqu'à sa mort, il lui appartient totalement. Embrigadé dans des formations de jeunesse de type militaire, il suit une voie strictement hiérarchisée, jusqu'à ses vingt ans. Ce modèle d'éducation fait écho dans les thèses totalitaires contemporaines.

L'éducation des filles fait l'objet d'un effort parallèle. Elle est subordonnée à la préoccupation d'eugénisme. Il s'agit de leur ôter « toute délicatesse et toute tendance efféminée, en endurcissant leur corps, en leur imposant de s'exhiber nues dans les fêtes et les cérémonies ; la Cité Spartiate cherche à en faire de robustes viragos, sans complications sentimentales, qui s'accompliront au mieux pour les intérêts de la race [5].

Dans ces conditions, la famille ne peut constituer le cadre principal de l'éducation. La femme n'y est reconnue compétente que pour l'élevage du petit enfant qui lui est retiré dès l'âge de sept ans. Quant au père aristocratique, préoccupé par la formation du futur citoyen libre, il est d'abord un personnage public avant d'occuper la place de chef de famille. L'orientation pédérastique apparaît comme la forme la plus belle et la plus parfaite d'une éducation fondée sur les rapports intimes. On unit un jeune esprit à un aîné, modèle, guide et initiateur.

---

[4] Ibidem, page 23.
[5] Marrou H. I. (1948),*Histoire de l'éducation dans l'antiquité*, Paris : Seuil, Coll. Points, vol 1, page 51.

L'avènement d'Athènes, en tant que puissance politique, aux VIe et VIIe siècles avant J.-C. pondère cette polarisation sur la préparation militaire et un dévouement total à la communauté. La réduction progressive du caractère disciplinaire et de la vocation sacrificielle ouvre quelques latitudes pour l'éducation. L'éducation athénienne des hommes libres, favorisés par les dons et la fortune, n'est pas exempte de préoccupation militaire. Cependant, elle prépare aussi le futur citoyen à l'exercice de ses droits et du pouvoir politique, aux vertus de la vie civile plus qu'aux valeurs guerrières. Platon disqualifie formellement l'idéal offensif de l'ancienne éducation spartiate. Il s'oppose aux méthodes préconisant un endoctrinement passif pour leur substituer les modalités de la méthode dialectique. Il n'en proclame pas moins, selon sa conception d'une cité idéale dominée par l'idée du Bien, que l'enfant appartient moins à ses parents qu'à l'État.

Jusqu'à l'âge de sept ans, l'enfant reste dans sa famille aux mains des femmes. Cela ne constitue toujours pas une préoccupation civile. Puis, et jusqu'à l'âge de quatorze ans environ, s'étend la période scolaire. La phase suivante est couronnée par un stage de formation civique et militaire : l'éphébie. Les filles fréquentent désormais, au même titre que les garçons, les écoles primaires et secondaires.

Au-delà de cette organisation de l'instruction qui traduit une aspiration à transmettre une culture générale, l'éducation proprement hellénistique en voie d'élaboration, repose fondamentalement sur la formation morale. Toute entière ordonnée vers l'avènement d'un homme total, figure de la norme idéale, elle ne s'attarde à l'enfant que pour lui apprendre à se transcender. Ainsi, l'humble esclave, le pédagogue, celui qui guide l'enfant [6], joue un rôle déterminant dans sa formation. Le maître d'école est chargé seulement des acquisitions intellectuelles. Le pédagogue, déjà désigné comme éducateur, se trouve au coté du jeune

---

[6] A l origine, le pédagogue est l'esclave chargé de conduire l'enfant à l'école. De *pais*, enfant et *apogé*, action de conduire.

garçon pendant la journée entière. Il l'initie aux bonnes manières et à la vertu, ce qui n'apparaît pas moins important que de savoir lire.

Vers la fin du VIe siècle, Rome et la culture romaine, sont dominées par une aristocratie rurale. Propriétaires fonciers exploitant directement leurs terres, cette classe sociale diffère par conséquent de la noblesse guerrière de l'époque homérique.

L'éducation destinée à assurer la reproduction de cette aristocratie repose sur la coutume ancestrale qu'elle a pour but de transmettre et de faire respecter comme norme de toute pensée et de toute action.

L'éducation s'exerce d'abord dans le cadre de la famille dont les historiens du droit soulignent la forte constitution. Le droit romain consacre le pater familias : père, propriétaire et, chez lui, grand prêtre, chef de famille au pouvoir sacré, sans aucune limite en ce qui concerne les enfants et les adolescents. Le droit de vie et de mort est un de ses attributs que les chrétiens récuseront au nom du respect de l'œuvre de Dieu.

A partir de sept ans, le garçon échappe à la direction exclusive des femmes pour passer sous celle du père, considéré comme le véritable éducateur. La différence est notable avec l'insouciance et l'incompétence des pères grecs menacés de ridicule s'ils viennent à s'occuper eux-mêmes de leur progéniture.

Tandis que les filles suivent les occupations domestiques sous l'autorité de leur mère, les garçons se préparent à la gestion de leurs futures charges en suivant leur père dans les activités publiques.

Influençant tout l'occident latinisé, ce modèle familial est progressivement investi par le christianisme qui y trouvera un lieu d'expression favorable.

Vers la découverte de l'enfance

L'éducation chrétienne, au sens sacré et transcendantal du terme, ne peut être dispensée à l'école comme l'enseignement profane. L'église et la famille sont les lieux naturels où doit se former l'âme de l'enfant. L'imitation de l'adulte demeurant le ressort principal de toute éducation, il appartient donc aux parents de lui inculquer la formation religieuse.

A ses débuts, cette doctrine n'influence guère l'école romaine et ne modifie que lentement le statut de l'enfant dans la famille. L'organisation d'une école chrétienne, essentiellement réservée à la formation des clercs, se développe au Ve siècle, dans le cadre des paroisses et des diocèses, adoptant les méthodes éprouvées dans les monastères.

L'Église affirme progressivement sa volonté éducatrice. Elle vient à dénoncer les dangers de l'éducation profane et des disciplines libérales. En 427, Saint Augustin donne, dans le De doctrina christiana, un programme de culture chrétienne, où les arts libéraux conservent cependant une certaine place afin de permettre l'étude de la Bible, seule référence.

La pédagogie chrétienne est marquée par le pessimisme de Saint Augustin et de ses disciples. Les actes de l'enfant portent trace de la faute originelle. Dès sa naissance, l'enfant est agité par les forces du mal. Une sévérité adéquate et l'emploi de méthodes fortes s'imposent aux éducateurs, en premier lieu aux parents. Les moralistes chrétiens attirent l'attention sur le danger qu'une trop grande liberté fait courir aux jeunes gens et appellent à la vigilance.

Plusieurs phénomènes vont cependant largement différer l'application stricte d'une telle doctrine. En Europe, le reflux de l'occupation romaine permet l'épanouissement de diverses cultures locales et l'émergence de nouveaux rapports sociaux. La jeune chrétienté cultivée des monastères et l'aristocratie naissante soutiennent ces changements.

Dans les sociétés du Moyen Age, l'enfant évolue au sein d'une famille étendue à toute la parentèle et dans un milieu social fondé sur la solidarité communautaire. La place des jeunes est corrélée à celle de la femme. Or, les droits et libertés dont elle bénéficie actuellement, dans les démocraties occidentales, apparaissent, à bien des égards, en retrait par rapport à ceux qu'elle exerçait à cette époque. En l'absence des hommes accaparés par des activités qui les éloignent du domicile, la femme assume de nombreuses responsabilités sociales, économiques et politiques. Elle bénéficie, de fait, de ce qu'on appelle la capacité juridique. La femme peut ainsi adopter le nom de son mari, conserver le sien, prendre le nom de son père ou celui de sa mère, choisir éventuellement un surnom. Ses intérêts pécuniaires sont solidement protégés. Elle demeure propriétaire de ses biens propres, même si son mari en a l'administration. Ses biens sont en fait inaliénables et, en cas de séparation, elle les recouvre et peut en disposer librement.

Dans cette constellation, le père ne dispose que d'une autorité de gérant, et non de propriétaire. Il exerce conjointement avec la mère l'autorité parentale et administre avec elle les biens de sa progéniture.

Une telle organisation a des effets sur le statut de l'enfant. Celui-ci peut «disposer éventuellement d'une personnalité juridique distincte ; ainsi, s'il hérite de biens propres (légués par un oncle, par exemple), ceux-ci sont administrés par la communauté familiale qui, par la suite, devra lui en rendre compte »[7] .

S'il échappe à une mortalité infantile endémique, l'enfant devient, dès après le sevrage, le participant quotidien de toutes les activités de la vie sociale. Seules ses capacités le limitent.

Alors même que de doctes personnages commencent à spéculer sur les âges de la vie, les documents qui restituent l'existence des populations montrent que partout où l'on travaille, partout où l'on s'amuse, partout où l'on s'aime ou l'on se bat, les plus jeunes, à peine sortis du premier âge, sont aux côtés des hommes et des femmes.

---

[7] PERNOUX R. (1977), *Pour en finir avec le moyen âge*, Paris : Seuil, page 98.

La plupart des coutumes fixent l'âge de la majorité à douze ans pour les filles et à quatorze ans pour les garçons. L'enfant acquiert très tôt une certaine autonomie sans que la solidarité du groupe lui soit pour autant retirée. Apparaissent dans les récits, les gravures et les peintures, des figures surprenantes. Un lieutenant de quatorze ans plastronne dans les armées royales. Une bande de garnements joue aux dés dans une taverne à nos yeux peu fréquentable. Une maîtresse de maison de treize ans soufflette une servante, que nous dirions majeure, aujourd'hui.

La virulente défense d'Agrippa d'Aubigné revendiquant sa foi huguenote devant un tribunal à l'âge de onze ans rend bien compte de la place du mineur dans les coutumes du Moyen Age. Appelé à répondre de ses actes, le jeune est assisté, tout au long des débats, par sa famille ou son tuteur, au nom de la solidarité familiale.

Celui-ci se doit de lui transmettre une expérience pratique mais aussi de le former aux manières civiles et aux valeurs traditionnelles. L'instruction proprement dite, limitée à l'école latine, est alors réservée aux moines et aux clercs. Elle ne concerne qu'une faible minorité de la population. Elle s'ouvrira progressivement aux enfants de la noblesse et bientôt à ceux de la bourgeoisie. Libre de ses mouvements, exposé comme les adultes à tous les périls de l'époque, mêlé aux travaux journaliers, aux jeux, aux fêtes et aux rites qui tiennent une grande place dans la vie collective, l'enfant dispose de libertés concrètes dans un milieu dense et tolérant. L'iconographie de l'époque en témoigne en le faisant apparaître sous les traits d'un adulte en miniature.

Cependant, les lentes transformations du statut de l'enfance et de l'adolescence, à partir de la période féodale et plus encore au cours des contribuent à l'expression d'une affectivité nouvelle (ce qui n'exclut pas que l'enfant fut aimé au paravent) fait naître le sentiment moderne de la famille [8].

---

[8] ARIES P. (1973), *L'enfant et la vie familiale sous l'Ancien régime* , Paris : Seuil, Coll. Points, n°H20.

Le projet d'éducation - le mot apparaît en 1527 dans le langage commun - impose et modèle une nouvelle représentation de l'enfant. L'imposition du droit romain, soutenue par la diffusion massive de la culture antique, modifie profondément l'équilibre de la famille, transforme le statut de ses membres et pèse sur les modèles éducatifs. La référence primordiale à l'Antiquité, toutefois réduite aux siècles classiques de Périclès pour la Grèce, d'Auguste et de César, pour Rome, conduit au rejet des valeurs de la culture médiévale.

Sans que soit restauré le modèle de la patria potestas, la perte d'influence de la femme et son effacement de la vie sociale et politique n'en sont pas moins effectifs. Ils affectent profondément et durablement la place et les libertés accordées à l'enfant et à l'adolescent.

C'est en effet à partir du XVIIe siècle que la femme prend obligatoirement le nom de son mari. En même temps, la liberté des jeunes époux est restreinte. On restaure le droit des parents de déshériter les enfants qui se sont mariés sans leur consentement (1556). En France, le rétablissement de la majorité à vingt-cinq ans, comme dans le droit romain, ne concerne effectivement que les garçons. La femme devient une éternelle mineure sur la scène juridique et sociale.

Outre son éviction de la vie sociale et politique, sanctionné par un arrêt du Parlement, en 1593, lui interdisant toute fonction dans l'État, la femme se voit confinée dans le domaine privilégié des soins du domicile et de l'éducation domestique des enfants.

Si le premier traité d'éducation, *Manuel pour mon fils*, est écrit par une femme, Dhuoda, au IXe siècle, tous ceux qui, de Rabelais, Montaigne et Fénelon jusqu'à Rousseau, se préoccupent de la formation de la jeunesse du XVI au XVIII siècle, sont des hommes. Ils feront peu de place aux femmes, si ce n'est pour les convaincre d'exécuter les prescriptions des médecins, des gens d'Église et des moralistes.

Désormais fixée à son foyer, la mère y fixe à son tour l'enfant. Le sentiment maternel s'invente. On découvre l'enfance. De multiples innovations se font jour concernant le costume de l'enfant, ses jeux ses espaces réservés, ses chansons et ses livres. L'enfance est l'objet de sentiments ambivalents.

Ainsi, le mignotage désigne ces moments où l'adulte s'intéresse à la naïveté et à la drôlerie du petit, en joue, et y trouve amusement et détente. Émergent aussi, pour les uns, l'idée de l'innocence de l'enfant liée à une faiblesse dans laquelle se reflète la pureté divine, et pour d'autres, de sévères considérations sur cet âge imbécile et méprisable qui n'est qu'infirmité. La Rochefoucauld dans ses *Caractères*, au chapitre *De l'homme,* impute à l'enfant la quasi-totalité des turpitudes humaines ; quant à Bossuet, il est plus lapidaire : « la vie d'un enfant est semblable à celle d'une bête ».

Au-delà de l'âge du mignotage, les soucis d'éducation des catégories aisées de la population, donnent lieu à un foisonnement d'institutions. Collèges et petites écoles accueillent des enfants et des adolescents qui ne sont plus laissés sans surveillance. On cherche à les soustraire à l'influence des domestiques réputés tenir des propos déshonnêtes. Le respect dû à l'enfance s'assortit également d'une certaine répugnance à l'égard de leurs éventuelles pratiques sexuelles et suscite une surveillance destinée à préserver leur innocence.

Deux phénomènes majeurs marquent l'évolution du statut de l'enfant et de l'adolescent au cours de l'Ancien Régime : la mise en internat de nombre de jeunes de familles aisées et l'enfermement des enfants abandonnés, vagabonds, mendiants, éclopés ou simplement pauvres.

En règle générale, l'internat d'instruction est inspiré du modèle monastique. Il se caractérise par la séparation des sexes, une surveillance permanente de toutes les activités, un encouragement à la délation, l'application de punitions corporelles et, au total, l'extrême rigueur de son ordre moral.

Le développement intense des collèges de Jésuites dans toute l'Europe du XVIe au XVIIe siècle est exemplaire. L'activité missionnaire de la Compagnie concentre son espoir sur les jeunes générations autant que sur les populations adultes. La lutte contre l'expansion, tant politique que religieuse de la Réforme, éveille un enthousiasme pédagogique qui intègre parfaitement la vocation apostolique.

La pédagogie jésuite répond fondamentalement aux soucis éducatifs de l'époque. Le trait le plus original consiste à mettre en œuvre une stricte discipline assurant une formation complète à l'écart de toutes les influences extérieures. Chargés par les parents de donner à leurs enfants une éducation chrétienne, les Jésuites exercent, sur le jeune, l'autorité du père absent. Ils inaugurent ainsi un mode de délégation de pouvoir que l'on retrouvera dans toutes les institutions d'éducation et de rééducation à venir.

Quant aux pauvres, ou, du moins, ceux d'entre eux caractérisés par un mode de vie lié à l'errance, ils se retrouvent bientôt dans le pêle-mêle de l'enfermement généralisé.

L'Hôpital général est créé en 1656 pour « le renfermement des pauvres mendiants de la ville et des faubourgs de Paris » (puis dans quelques grandes villes du royaume). En 1684, au sein de l'Hôpital général, une section spéciale est ouverte pour les garçons et les filles de moins de vingt-cinq ans. Les dimensions « pédagogiques » de l'enfermement y sont consacrées : formation morale et religieuse, fonction répressive du travail obligatoire.

Pour ceux que l'oisiveté conduit à la délinquance ou au vagabondage, l'ordonnance criminelle de 1670, qui constitue le socle de la justice pénale de l'Ancien Régime, ne prévoit aucune disposition particulière. Le jeune délinquant, considéré comme une miniature d'homme criminel, pour qui malitia supplet agem (la malice suppléée l'âge), doit se voir appliqué, en réduction, ce que la justice inflige à l'adulte criminel.

Ceux enfin, qui, par leur débauche et leur libertinage, défient la puissance du pater familias, et à travers elle, celle du souverain, sont adressés directement à l'Hôpital général suivant la Déclaration royale de 1639 :« La révérence naturelle des sujets envers leurs parents est le lien de la légitime obéissance des sujets envers leur souverain ». Cependant, un arrêt du 9 mars 1673, limite le droit de correction paternelle, et, par-là, le pouvoir absolu du père dans la famille. On oblige le responsable légal à obtenir préalablement une lettre de cachet.

À la lumière de cette mise en ordre effectuée par l'Ancien Régime, on mesure quelque peu ce que les enfants et les adolescents y ont perdu. «La famille et l'école ont ensemble retiré l'enfant de la société des adultes. L'école a enfermé une enfance autrefois libre dans un régime disciplinaire de plus en plus strict, qui aboutit au XVIII et au XIX siècle, à la claustration totale de l'internat. La sollicitude de la famille, de l'Église, des moralistes et des administrateurs a privé l'enfant de la liberté dont il jouissait parmi les adultes »[9].

Ainsi, tenu à l'écart de la société des adultes, l'enfant des Temps modernes se situe déjà dans une sorte de quarantaine. On le réduit dans une minorité que les philosophes des Lumières s'attachent à fonder.

Rousseau se présente alors comme l'un des théoriciens du mouvement amorcé dès la fin du Moyen Age, qui dénie l'idée de continuité de l'enfance à l'âge adulte. Il reprend à son compte la nécessité d'éviter la promiscuité des enfants et des adultes et valorise le précepte de discipline. Le rôle du précepteur consiste à maintenir l'enfant sous le regard omniprésent de l'adulte et à l'écart de la société corruptrice[10]

Rousseau peut apparaître, à juste titre, comme l'inspirateur d'une autonomie de l'enfance. Il affirme que l'humanité a sa place dans l'ordre des choses, l'enfance a la sienne dans l'ordre de la vie humaine. Il faut voir l'homme dans l'homme et l'enfant dans l'enfant. Ici la liberté de

---

[9] Ibidem, page 314.

[10] ROUSSEAU J.-J., *Émile ou de l'éducation*, Paris : Flammarion.

l'enfant est circonscrite dans les limites et les contraintes qu'impose seul le précepteur.

Ce faisant, Rousseau fonde les rapports de domination et de non-réciprocité qui procèdent, selon lui, de « la nature des choses », entre le monde des adultes et celui des enfants. Une telle vision pédagogique ne peut être détachée de sa recherche politique. Sa conception des rapports de la minorité avec la majorité, dans une société harmonieuse, est dominée par le sophisme de « la volonté générale »[11].

Le rapport au droit

L'apologie de la liberté, du progrès et de la raison, proclamée par la philosophie des Lumières, ouvre le champ aux utopies et aux projets révolutionnaires.

En matière d'éducation, on ne peut qu'être captivé par le prodigieux travail des Conventionnels et par la hardiesse de leurs réflexions. Ils proposent une école obligatoire, gratuite, laïque, égalitaire pour les garçons et pour les filles, la constitution de groupes de travail par cooptation des jeunes entre eux et l'auto-organisation des élèves. Un vaste plan scolaire et universitaire à cinq degrés donne place à la formation des adultes. L'ouverture permanente de l'école sur la vie sociale et la liaison de l'enseignement didactique et du travail pratique avec des professionnels doit permettre aux jeunes une meilleure intégration à la vie active et « apprendre au peuple l'art de s'instruire lui-même »[12].

Le propos est limpide :« L'éducation doit se borner à l'instruction, c'est-à-dire, en premier lieu à développer l'intelligence, et non pas

---

[11] Les rapports d'Emile et de son précepteur peuvent trouver de nombreuses homologies dans le *Discours sur l'origine de l'inégalité* et surtout dans *Du contrat social* (1672).

[12] Notamment les propositions de Condorcet (rapport présenté à l Assemblée législative, en 1792, et de L.M. Peletier de Saint Fargeau (Plan lu par Robespierre à la Convention, en 1793.

éduquer, c'est-à-dire à chercher à induire des comportements. L'objectif de l'Instruction publique est de former des hommes libres, capables de raison et d'esprit critique »[13].

Cette tentative révolutionnaire de démocratiser concrètement les pratiques du fonctionnement ordinaire d'une école et d'un collège, dont il n'existe alors aucun modèle, restera sans lendemain. Elle alimentera tous les débats futurs et demeure, encore aujourd'hui, une source de réflexion insuffisamment exploitée.

Pour les enfants abandonnés ou vagabonds, les Cahiers du Tiers état demandent la création d'établissements d'éducation spéciale et les Conventionnels leur reconnaissent, le 21 juin 1793, le titre quelque peu solennel d'enfants naturels de la Patrie dont *l'éducabilité* est affirmée. Ceux qui se trouvent dans l'enceinte de l'Hôpital général ne rejoignent pas pour autant ces Maisons de correction dans lesquelles l'éducation devait se substituer à la pratique générale des châtiments corporels.

Les décisions législatives ne seront pas suivies de réalisations concrètes. Les enfants abandonnés, les mendiants, les irrespectueux et les débauchés, sont assujettis, comme les vagabonds et les délinquants, à des sanctions à caractère pénal et, en tout cas, à des mesures privatives de liberté.

Pourtant, le code criminel révolutionnaire de 1791, pénétré des idées de libre arbitre et de responsabilité individuelle, a introduit les principes de discernement, d'excuse de minorité et de coexistence des peines et des mesures éducatives. Ces dispositions préfigurent un droit particulier destiné à garantir les libertés des enfants contre l'arbitraire des décisions d'internement à l'Hôpital Général, telles qu'elles étaient pratiquées sous l'Ancien Régime. Le droit de correction se trouve notamment abrogé et les lettres de cachet disparaissent. Le père doit

---

[13] Condorcet, *Mémoires sur l'instruction publique* I-V. Cité par DUMAZEDIER J. s/D (1994), La leçon de Condorcet, Paris : L'Harmattan.

désormais s'adresser à un Tribunal des familles qui décidera de la correction de l'enfant récalcitrant.

La loi du 28 août 1792 énonce que « les majeurs (la majorité est ramenée à 21 ans) ne seront plus soumis à la puissance paternelle, elle ne s'étendra que pour la personne des mineurs». L'État ne délègue plus tous les pouvoirs au père dans le gouvernement des familles.

Les principes introduits par le code criminel révolutionnaire seront repris dans le code pénal de 1810, mais avec un renforcement des mesures répressives concernant le vagabondage. La notion d'enfant en danger s'y profile déjà, envisagée sous l'angle de la protection de sa pudeur.

Passée la période révolutionnaire, les nouvelles règles de la civilité puérile imposent de réprimer sévèrement l'errance propice à la délinquance, mais également l'expression d'une sexualité infantile désormais intolérable.

Posté à la croisée des chemins de l'usine et de l'école, l'enfant des débuts de l'ère industrielle fait l'objet d'une préoccupation générale. Déjà manifeste sous l'Ancien Régime, elle vise essentiellement à le surveiller en le tenant d'abord occupé.

Il faudra, certes, attendre plusieurs décennies pour que l'instruction obligatoire arrache aux manufactures une masse d'enfants dont l'exploitation, dans des conditions effroyables, recouvre de multiples enjeux. Par-delà les stratégies de mise au travail des jeunes oisifs et les développements de l'obligation scolaire, l'idée s'est imposée que l'éducation constitue une exigence fondamentale pour la société.

Poursuivant les méditations de Locke et de Rousseau, fortement impressionné par la lecture de l'Emile, Kant expose à la fin du XVIIIe siècle, les rapports indissociables de l'éducation et de la politique. Convaincu de la disposition de l'enfance « pour l'empire et la tyrannie », il présente la discipline comme un préalable nécessaire à l'instruction, à la culture et à la civilisation. « L'état sauvage est l'indépendance envers les lois. La discipline soumet l'homme aux lois de l'humanité et commence à lui faire sentir la contrainte des lois. Mais cela doit avoir lieu de bonne heure. C'est ainsi que l'on envoie tout d'abord les enfants à l'école, non dans l'intention qu'ils y apprennent quelque chose, mais afin qu'ils s'y habituent à demeurer tranquillement assis à observer ponctuellement ce qu'on leur ordonne, en sorte que par la suite ils puissent ne pas mettre réellement et sur-le-champ leurs idées à exécution [14].

Suivant cette pédagogie déjà éprouvée par l'école monastique et par les collèges jésuites, les frères des écoles chrétiennes imposent la « méthode simultanée » qui rassemble les élèves sur les bancs de l'école et les dispose, comme à l'église, sous le regard du maître. Le groupe est segmenté, isolant chaque enfant de ses camarades.

Une telle pédagogie s'oppose fondamentalement aux méthodes collectives expérimentées dans les milieux populaires. Ainsi, *l'École mutuelle* rassemble, en un lieu ordinaire, les enfants et les adultes pour l'apprentissage de la lecture, de l'écriture et du calcul. Cette pratique largement répandue retiendra d'ailleurs l'intérêt de Napoléon pour l'instruction de ses soldats et fera amplement la démonstration de son efficacité. Elle écourte considérablement la durée de l'instruction primaire et développe la coopération et la solidarité entre les âges.

Dans la lutte qu'engagent l'État et ses commensaux contre *l'École mutuelle,* les enjeux des droits et libertés des enfants et des adolescents ne prêtent guère à considération au regard des objectifs du pouvoir en place. Suivant cette même stratégie, une répression sévère est menée contre les pratiques des instituteurs-artisans, qui, dans un recoin de leur atelier ou de leur échoppe, dispensent aux enfants des villages les rudiments d'un enseignement accordé aux coutumes de la population et au rythme des saisons. On y est peu enclin à imposer les règles nouvelles de la pédagogie, à obtenir le silence ou la mise en rang, pas plus qu'à suspecter en permanence les jeux des garçons et des filles.

---

[14] KANT E. (1974), *Réflexions sur l'éducation*, Paris : J. Vrin, page 71

La préoccupation générale de surveillance postule le découpage et la gestion du temps de l'enfance, mais ne se limite pas à l'enceinte de l'école. Le contrôle de l'obligation scolaire autorise bientôt les membres des Sociétés de patronage à porter la surveillance et à imposer la discipline à l'intérieur même des familles.

Tous ceux qui, depuis les débuts du XIXe siècle, tentent d'échapper à l'exploitation et à l'insalubrité des manufactures, qui s'éclipsent sur le chemin de l'école, et sur qui les châtiments corporels ont trop peu d'effets, sont voués à une éducation spéciale destinée à leur amendement. Les jeunes délinquants, vagabonds et irrespectueux, qui battent le pavé des villes, s'attroupent aux carrefours, suspects de discours dissolus et de plaisirs interdits, sont adressés aux quartiers spéciaux des maisons d'arrêt, aux colonies correctionnelles ou confiés aux colonies agricoles pénitentiaires, selon leur degré de discernement.

Au dispositif de surveillance de l'enfance régulière, assujettie à l'obligation scolaire, s'adjoint un réseau punitif de rééducation. Son prodigieux essor dans toute l'Europe occidentale, ponctué de sanglantes révoltes, consacre les efforts du Mouvement Philanthropique.

De multiples colonies agricoles sont créées à l'initiative privée de représentants de l'aristocratie foncière regroupés dans les sociétés de bienfaisance. Celles-ci accueillent tant les enfants et adolescents délinquants que les vagabonds, débauchés et irrespectueux, détenus dans les prisons et les hospices. De multiples expériences correspondent au même mouvement de mise en ordre et de surveillance. Elles visent à récupérer, pour les besoins de la production, des individus qui n'ont pas intériorisé les normes sociales dominantes.

La tentative d'exploitation de cette main-d'œuvre peu coûteuse débouche en réalité sur de maigres résultats, tant sur le plan économique que sur le plan éducatif. Cependant, la création des colonies agricoles participe au grand projet, déjà affirmé par l'institution scolaire, de tenir l'enfance occupée et de surveiller ses activités.

Cette analyse critique ne saurait cependant contester les progrès dus à la généralisation de l'instruction, à l'élévation des niveaux de connaissance au bénéfice du plus grand nombre, dans tous les pays d'Europe.

L'affirmation, exprimée en 1871, par l'économiste Le Play, suivant laquelle « les enfants constituent une invasion permanente de barbarie », paraît toujours ancrée dans l'esprit des adultes. Les sociétés industrielles développées ont massivement investi dans l'appareil scolaire. Elles s'intéressent aux problèmes de l'enfance. Or celle-ci semble toujours tenue pour ignorante et incapable d'intervenir effectivement sur la réalité sociale. Deux siècles après la Déclaration des Droits, socle sur lequel s'est élevé l'édifice des libertés individuelles, dans « l'Europe de demain », l'enfance reste privée de cet exercice. Déjà dans le droit civil, l'enfant n'existe qu'en tant que fils ou fille de, majeur ou mineur, en étroite dépendance de la famille.

L'enfance ordinaire apparaît privée de droits ordinaires. La formation d'un droit des mineurs a abouti principalement à la constitution d'un réseau permettant de contrôler et d'appréhender la quasi-totalité de l'environnement de l'enfant, au nom de son intérêt et de sa protection. Dans sa famille, à l'école et dans l'atelier, au sein des institutions qui ont la charge de sa préservation, de son éducation et de sa formation, l'enfant est fréquemment exposé à l'arbitraire, à la violence, et privé de libertés concrètes[15].

---

[15] Dans son histoire de la violence,J.C Chesnais présente la famille comme « le dernier refuge des instincts » parce qu'elle est « l'unique endroit où subsiste l'état de nature ». CHESNAIS J-C. (1981) L'Histoire de la violence, Paris : Laffont page 120. Lorsque l'autorité familiale est limitée, la puissance publique vient s'y substituer. Dans un ouvrage de sociologie juridique, J. Commaille étudie l'évolution du droit et de la justice face aux transformations de la famille. Il relève les transferts partiels à l'État de fonctions jusqu'alors assumées par la famille et dénonce l'extension du pouvoir d'État sur les familles démunies. COMMAILLE J.(1982) *Familles sans justice*, Paris : Le Centurion.

En dehors de la famille, l'école, officiellement chargée des futurs et déjà citoyens, devrait garantir les libertés des enfants, les préserver de la violence et les amener à l'exercice de la démocratie. Restreinte à sa mission de transmission des connaissances, l'école néglige par trop le rapport social interne. Le potentiel collectif des élèves, en référence au droit, n'est pas exploité. Les conditions restrictives apportées au droit à l'information, les règlements limitant le droit de réunion, le peu de dispositions garantissant l'intimité de la vie privée des enfants et des adolescents, constituent autant de séquelles de cette stratégie de contrôle.

Le statut juridique de l'enfant, du jeune, du scolaire, n'est pas seulement le raccourci du droit des adultes, car « le rapport des forces ne peut être comparé. Les droits de l'enfance sont essentiellement des droits octroyés, non pas des droits conquis [16] ».

L'étude de la place de l'enfant dans la société nous convainc que l'État de droit est essentiellement affaire de grandes personnes, citoyens majeurs dans les pays encore peu nombreux où il leur est garanti. Admettre que l'État de droit peut concerner l'enfance et doit s'imposer aux institutions chargées de la formation de l'homme, modifierait considérablement la place de l'enfant. La reconnaissance d'un principe de réciprocité des statuts de l'enfant et de l'adulte déjouerait l'illusion d'un achèvement et d'une plénitude de l'âge adulte. Elle porterait à un dépassement moins coûteux de la lutte dans l'homme, de l'homme contre l'enfant.

Au-delà même de la question des droits qu'on a accepté de reconnaître à l'enfant et à l'adolescent, parfois, seulement de leur octroyer, le problème tend surtout à se placer désormais, pour nos pays occidentaux, sur celui de l'exercice concret de ces droits.

Plusieurs chartes, déclarations, conventions et de multiples recommandations sont venues affirmer le statut du jeune en tant que

---

[16] COLLOMB J.-P. (1980), Le droit des mineurs, Vaucresson : CEFRES, page 17.

personne en lui reconnaissant «les mêmes droits fondamentaux que toute personne humaine». Il n'est plus seulement un sujet protégé par la loi. Très peu d'actions cependant visent à garantir les droits des enfants et des adolescents en tant que membres du corps social (réunion, association, expression...). Les appels à la citoyenneté, à la participation, à la mobilisation, à la responsabilisation, se font pressants, venant des adultes, des pouvoirs publics confrontés aux désordres de la jeunesse, dans les banlieues des grandes villes. Souvent lancés sous la forme paradoxale de l'injonction, ces appels révèlent une visée de contrôle et une volonté de maîtrise exprimant la difficulté de leurs auteurs à concevoir la citoyenneté comme un processus éducatif. Les politiques publiques favorisant l'accès à la formation, aux loisirs, à la culture, au logement, concourent sans aucun doute à donner des moyens à l'adolescent de mieux gérer ses dépendances et d'opérer ses propres choix.

Cependant, cette instrumentation ne suffit pas à assurer la formation de citoyens actifs. Les appels à la citoyenneté viennent révéler le déficit intégratif créé par le développement massif du chômage. Le temps n'est plus où le monde du travail constituait pour tous un espace de socialisation autonome. On y développait non seulement des apprentissages professionnels, mais également des apprentissages civiques et politiques.

Les débats entretenus au sujet de l'exercice du droit d'association témoignent de la tendance des adultes et des pouvoirs publics à porter l'exercice des libertés au seul niveau juridique. Les adolescents, dans leur grande majorité, sont fort peu préoccupés par ces enjeux. Leurs revendications, et plus précisément leurs activités spontanées, concernent d'abord l'exercice des libertés d'aller et venir, de se réunir, de s'exprimer...

Ceci les amène parfois à des esquisses d'organisation collective. Ces initiatives dérangent alors souvent. Ces regroupements spontanés sont assimilés à des bandes. Souvent chassés de l'espace public, parfois dispersés par les forces de l'ordre, les jeunes font l'objet d'un contrôle croissant. Seul le groupe constitué en équipe sportive semble recueillir le soutien immédiat des adultes et des pouvoirs publics. La présence d'un cadre, a priori codifié, et les vertus que le sport est censé développer, justifient sans doute cette positivité rare.

Il reste significatif que les problèmes de la jeunesse soient massivement traités par les collectivités locales à travers le prisme de la lutte contre la délinquance. En l'absence d'un véritable renversement de nature politique et pédagogique de la posture de la société adulte, la rencontre avec la jeunesse achoppe précisément sur les conditions matérielles et sociales de cette communication. En fait, elle perpétue les rapports entretenus avec l'infans, celui qui ne parle pas.

Dans les banlieues, au lycée, ou dans la moindre maison de quartier, les adultes sont pris dans l'illusion qu'il suffit qu'ils se présentent investis d'une autorité quelconque, pour «donner la parole» aux jeunes. Cette dernière formule indique leur difficulté à instaurer un vrai débat. On établit rarement un dispositif démocratique réel, permettant aux jeunes d'élaborer leur propre position collective pour ensuite confronter leur point de vue à celui des adultes. On ne met pas les jeunes dans la perspective de véritablement négocier. Les incompréhensions et les échecs réciproques sont nombreux. A chaque tentative avortée, les adolescents dénoncent avec violence ces réunions « bidons » où l'on discute sans fin, mais où « rien n'avance ». Les adultes déplorent, eux, que le « dialogue » n'ait pu aboutir.

Les appels à la participation couvrent le plus souvent une volonté de faire adhérer les jeunes à des projets conçus pour eux, et hors d'eux. Une telle conception les cantonne dans un rôle passif de consommateurs d'activités, de loisirs, de culture. On pourrait ainsi multiplier les exemples.

L'attitude la plus détestable consiste dans une pratique de certains hommes et femmes politiques qui, au niveau local, mais parfois à des niveaux plus larges, organisent des rencontres très ponctuelles et fortement médiatisées avec des jeunes, au cours desquelles ils vont « répondre » aux demandes des jeunes. Telle salle leur est miraculeusement attribuée, tel équipement rapidement promis. Cette politique de l'immédiat, sous une apparence d'efficacité qui la caractérise, couvre le problème de fond. Nos sociétés sont en grande difficulté pour inventer de nouvelles modalités de rapports entre les enfants, les adolescents et les adultes.

C'est pourquoi sera proposée à la discussion, dans une seconde partie, un projet de *socialisation active* disposant à l'élaboration *d'une culture éducative* intégrant *le projet démocratique.*

DEUXIÈME PARTIE

VERS UNE SOCIALISATION ACTIVE

Le 23 février 1983 eut lieu la première journée de consultation-réflexion sur l'école décidée par Alain Savary, ministre de l'Éducation Nationale dans le premier gouvernement du premier septennat de François Mitterrand. Le bulletin officiel du 3 février précisait que les élèves des grandes sections de l'école primaire pourraient être concernés. Dans cette école, en Bretagne, le comité des parents d'élèves s'en vint rencontrer le directeur pour convenir de l'organisation de cette demi-journée. Il fut nécessaire de vaincre sa résistance spontanée pour accepter que les élèves de CM1 et CM2 puissent être consultés, comme les parents et les enseignants. Le samedi matin, il fallut à nouveau débattre pour que les trois groupes, enseignants, parents et élèves puissent se réunir séparément, en un premier temps. Les enfants réunis autour d'une table furent invités à dire et écrire ce qui allait bien à l'école et ce qu'ils souhaiteraient proposer. Les groupes ensuite réunis, les enfants furent, d'abord, invités à lire leurs propositions. La premières fut la suivante : «est-ce qu'on pourrait mettre des bancs sous le préau quand il pleut?». A peine finie d'énoncer, le directeur, se prit la tête à deux mains: «ça y est, ça commence». Les six autres propositions procédaient d'un même sérieux et ne posaient guère de difficultés insurmontables pour leur réalisation, à proche ou moyen terme.

Commentant les résultats des journées de consultation-réflexion dans une conférence de presse tenue le 6 mars 1984, le ministre affirmait sa conception d'un système éducatif visant «à développer les capacités d'autonomie, de responsabilité et d'usage de la liberté des apprenants...». Cette position pédagogique et politique projettant "d'instruire l'ensemble de la population scolaire et de s'engager dans une réelle démocratisation", se trouvait, déjà, affirmée dans le rapport intitulé Pour un collège démocratique. Le ministre en avait présenté les principales propositions dans une allocution, le 6 janvier 1983: "le collège doit faire faire l'apprentissage de la sociabilité et de l'autonomie... ne doit pas seulement transmettre des savoirs, il doit aussi proposer des valeurs. Au-delà de l'enseignement il y a un devoir d'éducation. Une société démocratique qui garantit les libertés individuelles n'est possible que si chaque citoyen assume sa part de responsabilités et est capable d'initiative".

Ainsi, se trouvait dépassée par le ministre de l'Éducation nationale d'un gouvernement de gauche, l'opposition séculaire - elle avait divisé Condorcet et Robespierre et Saint Just - entre instruction et éducation en projetant l'enfant, au-delà de l'élève, en tant que futur-et-déjà citoyen. Il s'agissait, donc, de promouvoir sa socialisation politique en cultivant l'autonomie, en stimulant sa capacité d'initiative et en lui permettant d'exercer progressivement ses libertés individuelles, les libertés publiques dont il est titulaire bien qu'il n'en ait pas le plein exercice. Ce projet politique ne fut pas assumé par le successeur d'Alain

Savary, suite à la manifestation des partisans de l'école dite « libre », le 17 juin, sur les Champs Élysées.

Le projet d'Alain Savary s'inscrivait pleinement dans une filiation pédagogique et politique remontant à la Révolution française et, très explicitement, aux propositions exposées par Condorcet dans son projet de décret présenté, les 20 et 21 avril 1792, devant l'Assemblée nationale législative: « Dans le plan combiné d'après l'examen de l'état actuel des Lumières, en France et en Europe, il proposait que « soit attribué à l'instruction le soin d'exercer les enfants à la pratique des sentiments nécessaires à fortifier dans leur âme, tel que la justice, l'amour de l'égalité, l'indulgence, l'humanité et l'élévation d'âme ». A cette transmission des valeurs recoupant, en tant que projet de formation d'individus promis à République, le champ de l'éducation, il ajoutait encore « la familiarisation des enfants dans les écoles, les jeux du gymnase et les fêtes, avec quelques-unes des fonctions sociales comme les élections, l'ordre d'une assemblée »[17]. Les propositions à proprement parler révolutionnaires de Condorcet de « démocratiser » concrètement les pratiques d'une école jusqu'alors dominée par l'église catholique resteront longtemps sans lendemain, mais trouveront d'autres échos.

Dans son Discours sur le Gymnase, en 1812, Hegel semblait déployer les propositions de Condorcet en ouvrant la question des dispositions propres à garantir « l'indépendance » (en fait, l'autonomie relative) des jeunes: «L'école doit être une transition entre la faille et la vie publique….L'éducation à l'indépendance exige que la jeunesse soit habituée de bonne heure à consulter son sentiment propre et qu'il soit laissé à sa liberté, là où elle est entre-soi et dans ses rapports avec des personnes plus âgées, une sphère où elle détermine son comportement »[18].

---

[17] Condorcet, cité par B. Cacérès, Histoire de l'éducation populaire. Coll.Peuple et culture, Seuil. 1964, P.192.
[18] HEGEL *Le Gymnase* in Textes pédagogiques. Ed. VRIN, 1978, p.108.

Question de (dé)politisation

Ainsi se trouvaient disponibles, dès les débuts du XIXe siècle des propositions qui inspiraient, il y a 40 ans, Alain Savary et devraient être exploitées au regard de la désaffection croissante du suffrage universel par la classe d'âge des 18-35 ans, en particulier, au cours des dernières élections. La classe politique parait s'en être émue sans relever, que, par le mode d'élection et par ses pratiques elle était, elle-même, pour grande part, le problème. Ainsi, diverses suggestions ont-elles été évoquées concernant le dispositif électoral global et les rapports entre ses divers niveaux, de la commune à celui de la Présidence de la République : vote obligatoire, vote électronique, tirage au sort. D'aucuns voudraient encore abaisser l'âge du vote à 16 ans comme si cette volonté devait mécaniquement résorber le taux d'abstention sans préciser les pratiques de nature à « ouvrir » les enfants, les adolescents à la politique avant même qu'ils ne soient invités à « faire leur devoir » de citoyen. Nul doute que, reprise par l'activité parlementaire et la perspective de la prochaine élection présidentielle, rien ne puisse être engagé, de sitôt, qui soit à la mesure de ladite « dépolitisation » des jeunes qui laisserait supposer qu'ils aient été, un jour, politisés !

Nulle instance politique ne s'est interrogée publiquement sur le point de savoir si la cause de ce désintérêt ne devait être, pour partie, recherchée, du côté de l'éducation, d'une éducation qui, par ses pratiques, manquerait à amener les enfants à s'intéresser, progressivement, à la chose publique et à l'exercice de la démocratie. D'aucuns ne manqueront pas de s'offusquer et de s'effrayer, sans doute, que les enfants mineurs puissent être incités « à faire de la politique », exposant, ainsi, leur vision de la politique comme une chose malsaine et dangereuse...telle qu'elle se présente, trop souvent, hélas, aux enfants, préadolescents, adolescents et pré-majeurs. Un précédent ministre de l'Education nationale - qui n'est pas ministre de l'éducation qui relève de la Société civile[19] - avait proposé

---

[19] L'UNESCO entend par Société civile, l'auto-organisation de la société en dehors du cadre étatique ou du cadre commercial, c'est-à-dire un

« d'organiser une démocratie lycéenne » en classe terminale pour les citoyens de «demain».

On s'étonnera sans doute de la temporalité tardive de cette proposition qui, par le biais de cours, de réunions pourrait contribuer, quelque peu, à ce que les lycéens pré-majeurs puissent être incités à s'intéresser à la démocratie avant d'être invités à glisser un bulletin dans l'urne, le jour venu. On apprend encore, aujourd'hui, que la présidente de l'Assemblée nationale reçoit chaque semaine 5 jeunes citoyens et citoyennes afin que les français « s'approprient ce lieu de pouvoir ».
Initiatives sans doute significatives dont le caractère précaire au regard du problème considéré rend compte de l'absence globale de mobilisation de la classe politique et de considération générale du corps social, au-delà de leur statut scolaire et de consommateurs. La parole des jeunes a été sans doute massivement valorisée au cours des dernières décennies du XXe siècle quand la question de la citoyenneté a suscité tant d'effervescence, de débats, de colloques divers et variés.

La montée du thème de l'insécurité et son exploitation électoraliste, ont depuis contribué massivement à remiser ce thème, auquel a contribué, également, depuis les années 2000, le thème de la parentalité. La notion extensive de parentalité a, en effet, généré « une prolifération d'experts, de conseils, de normes et d'injonctions produisant un renforcement du contrôle social et une infantilisation des parents comme si la société doutait des parents »[20].

Les groupes de parole initiés par les pouvoirs publics, au cours des années quatre-vingt et quatre-vingt-dix, dans le cadre de la politique de la ville ont été le plus souvent restreints à leur dimension expressive et

---

ensemble d'organisations ou de groupes constitués de façon plus ou moins formelle et qui n'appartiennent ni à la sphère gouvernementale, ni à la sphère commerciale.

[20] Catherine Sellenet, sociologue, psychologue et professeure à l'Université en sciences de l'éducation. Ouest-France 08 022023.

participative. Or, participer suppose de dépasser une position passive (« l'essentiel est de participer » ou de faire participer) pour intervenir, c'est-à-dire prendre une part relativement importante dans les procédures conduisant aux décisions. Rien n'indique, jamais, d'ailleurs, de façon rigoureusement précise et à priori, l'âge ou le degré de maturité, pour reprendre ici les termes du Code Civil, à partir desquels l'initiative de l'enfant, de l'adolescent le signalerait en capacité d'intervenir, hors l'expérience pratique. Condorcet avait d'ailleurs prévu les risques de manipulation de ces procédures, redoutant que « les enfants ne voient qu'un rôle qu'on leur donne à jouer et qu'on leur fasse contracter ou l'habitude de l'hypocrisie extérieure ou un caractère de pédanterie ». Nombre de responsables politiques les ont exploités pour venir se produire devant des groupes informels de jeunes afin de récolter leur « demande » et d'y apporter leurs propres réponses personnelles. Nombre de jeunes ont, d'ailleurs, compris le jeu politicien, au point de penser que ceux qui demandent avec le plus de force et d'éclat, seraient assurés d'être les mieux servis.

Les conseils communaux d'enfants ont maintenant plus d'un demi-siècle d'existence ; ils ont sans doute fait la preuve de l'aspiration des plus jeunes, mais plus rarement des adolescents, à faire valoir leurs positions pour déboucher sur des propositions et être reconnus comme des interlocuteurs valables. Le bilan de la multiplicité et la diversité des expériences se révèle positif dans la mesure ou le conseil fait l'objet de soins particuliers, de la disponibilité d'interlocuteurs adultes compétents et de moyens humains et financiers suffisants témoignant d'une réelle volonté politique. Mais le bilan global rend compte d'un ancrage fort relatif et du peu d'articulation de ce type expérience avec la réalité communale autant que des limites posées à une responsabilité sociale effective, encore moins, sans doute, à l'initiative collective. Encore faut-il, en effet, que, pour accorder aux enfants et aux adolescents une place sociale, cette place soit désirable et qu'ils y soient soigneusement préparés suivant des projets à hauteur de leurs capacités, en fonction des stades successifs de leur maturation psychologique, intellectuelle et sociale.

L'enfant, l'adolescent est à considérer, aujourd'hui - et depuis des temps et des temps, sans doute - dans ses capacités effectives, et non comme on le dit trop aisément, *un homme de demain* dans une société hypothétique. Considéré comme un processus d'apprentissage, l'exercice de la citoyenneté du jeune, suppose moins une extension volontariste des droits et des libertés dont il disposerait (abaissement de la majorité, droit de vote, droit de passer contrat, etc...) qu'une pragmatique et rigoureuse mise en œuvre de son intervention dans et sur toute structure sociale où il est inséré, à la mesure des droits qui devraient lui être garantis.

Question de stratégie de conversion

Au regard de la crise actuelle des démocraties, de la désaffection de nombre de citoyens pour la chose publique, il importe donc d'affirmer la nécessité de la préparation à la participation sociale concrète des enfants et des jeunes à la démocratie sociale. Cette préparation impliquerait la mise en œuvre d'une *stratégie*, notion habituellement convoquée pour l'art de la guerre, dans le secteur économique ou sanitaire et par les partis politiques. Dans le champ de l'éducation, elle a été, ainsi, problématisée par le philosophe de l'éducation, Olivier Reboul: « L'éducation est ce qui fait l'homme en société et par ce pouvoir redoutable, elle ne peut pas ne pas être idéologique Son discours (et ses pratiques, nldr) véhicule nécessairement des projets, des buts, des valeurs, qui ne seront jamais très objectifs et qui seront toujours en conflits avec d'autres. Et je n'imagine pas qu'il puisse en être autrement. Un discours pédagogique sans idéologie serait un discours vide »[21].

Les « styles éducatifs », la diversité des pratiques et le modèle d'autorité auxquels sont confrontés les enfants, dès le premier accueil collectif en classe maternelle, lèveraient la question des choix pédagogiques et donc d'une *stratégie* des enseignants et des éducateurs.

---

[21] O. Reboul, *Le langage de l'éducation*, PUF,1984, p.165.

Stratégie à adopter en fonction d'une vision de ce qu'il est convenu d'appeler La société, agrégation d'individus plus ou moins homogène et non entant qu'organisation structurée. Structurée par des systèmes sociaux travaillés par des clivages, antagonismes, des contradictions, des conflits, en fonction des idées, des valeurs, des représentations et des croyances qui traversent toute formation sociale à une époque donnée.

La résistance du corps social à adhérer à l'idée d'une véritable stratégie se manifeste et s'exprime au travers d'un discours dominant qui ne cesse de présenter les jeunes comme « force vive riche d'aspirations diverses, comme volonté de se rendre utiles et de ne pas se suffire du statut de consommateurs, comme exigence d'être entendus et de pouvoir s'exprimer », etc. S'en suivent des propositions, toutes aussi récurrentes, visant la recherche « d'une pleine participation à la vie sociale, la formation d'individus responsables et acteurs aptes à la vie civile, le développement de compétences nécessaires pour rendre les jeunes actifs, l'exercice quotidien des valeurs, l'apprentissage de diverses formes de vie sociale ». Autant de représentations et de propositions parfaitement recevables, à cette réserve près qu'elles ne font que très rarement référence à l'histoire d'une pédagogie de la citoyenneté, encore moins à des principes guidant des pratiques éducatives tels que les profilaient, déjà, Condorcet et Hegel. Et si leurs propositions sont restées si longtemps en jachère, c'est précisément qu'elles supposaient une stratégie pour devenir effectives et qu'elles supposaient des choix pédagogiques et politiques.

Il est, en effet, possible de susciter la formation d'individus plutôt conformes, disciplinés, dociles, voire flexibles ou bien plutôt créatifs, capables d'initiative, connaissant leurs droits et leurs libertés ainsi que leurs devoirs et obligations. La question de la stratégie permettrait de donner un nom et une portée politique à ce que pourrait être une philosophie de l'éducation dont le but viserait *la conversion du projet démocratique en pratique éducatives* [22]. Ce projet était, évidemment, parfaitement impensable et inintelligible aux temps où les traditions et les rites de passages faisaient entrer les individus dans une univers déjà balisé, dans un monde encore charpenté par une autorité qui « tenait », tant dans l'espace public que dans l'espace privé. En ces temps où la socialisation était encore porteuse d'une reproduction à l'identique de la société, quand l'inculcation des normes s'exerçait sur un sujet-enfant réputé passif.

Les enjeux que posent cette conversion traversent, évidemment, les rapports des familles avec l'institution scolaire, en premier lieu pour atteindre *le vivre-ensemble-en-commun dans une république.* C'est donc un vaste débat au sein de la Société civile mobilisant les parents, et tous ceux qui font œuvre d'éducation à l'Éducation nationale et dans toutes les institutions accueillant enfants et adolescents, qu'il s'agit de promouvoir. Lequel débat imposerait d'exploiter, entre autres ressources multidisciplinaires, l'histoire des théories, des techniques et des pratiques éducatives, et notamment le potentiel théorique et pratique des *méthodes d'éducation active.* Or, le silence est entretenu sur cette histoire au sein même des instituts de formation des enseignants, des éducateurs et des animateurs, en raison même des enjeux idéologiques exposés, plus avant, par Olivier Reboul.

Cette histoire se trouve, le plus souvent réduite à des « techniques éducatives » élaborées par une galerie de portraits de « grands éducateurs » dont le génie et le charisme sont mis au crédit de projets « utopistes », en cela, dénigrés et tenus hors le "pédagogiquement correct". De Pestalozzi, en Suisse, à Francisco Ferrer, en Espagne, des Maitres-camarades d'Hambourg et Iéna aux Ecoles nouvelles de Cécil Reddie et Kurt Haan en Angleterre, de Paul Robin à Anton Makarenko, Moisei Mikaelovitch Pistrak en Russie, de Janusz Korschak en Pologne à Maria Montessori en Italie, d'Ovide Decroly en Belgique à Ferrière et Claparède

---

[22] M.C. Blais, M. Gauchet, D. Otavi, Pour une philosophie politique de l'éducation, Bayard, 2002 p.6.

en Suisse, de Barthelemy Profit, Roger Cousinet, Célestin Freinet et Fernand Deligny, en France, à Alexander Sutherland Neil, en Angleterre et John Dewey aux Etats-Unis s'inscrivent, aux cours des deux derniers siècles, toutes les tentatives de ceux et celles qui ont fait profession d'éduquer des groupes d'enfants, que ce soit à l'école ou qu'ils soient retirés à leurs familles.

Quelles que soient les références idéologiques et les engagements de leurs promoteurs mêlant parfois un libéralisme paternaliste plus ou moins autocratique (appuyé par la religion), au scoutisme, à l'anarchisme, au socialisme, au communisme ou à la psychanalyse, leurs tentatives se sont développées dans un cadre collectif au sein duquel la reconnaissance de l'enfant en tant que personne s'est progressivement et difficilement imposée Leurs projets s'étendaient au-delà de l'école ou de l'établissement d'accueil dont ils voulurent transformer les structures, le fonctionnement et le rapport avec l'environnement.

Tous ces pédagogues et ces éducateurs ont contribué à perfectionner les principes et les pratiques éducatives expérimentées depuis l'émergence du mouvement de l'Éducation nouvelle au cours de la première partie du XXe siècle. Ce mouvement international plaçait l'enfant, plutôt que les savoirs scolaires, au centre d'une action éducative qui devait développer son autonomie en s'appuyant sur l'apprentissage de l'entraide et de la coopération. La prise en charge de plus en plus précoce de l'enfant, dans les crèches, les écoles maternelles nécessite qu'enseignants et éducateurs partagent avec les parents les principes qui fondent *les méthodes d'éducation active*, qu'en France, Maria Montessori, Célestin Freinet, Fernand Deligny ont enrichi de leurs pratiques et de leurs écrits :

- Principe *d'activité* qui prend en considération l'intérêt de l'enfant, sa curiosité (qui pour Fénelon était « un penchant naturel qui va au-devant de l'instruction »), et par le verbe et par l'action, contribue à son insertion progressive dans le monde qui est le sien,

- Principe *d'actualité* qui, en le situant dans un environnement social et dans l'histoire, l'ouvre à ce monde en même temps qu'il grandit. (La mise en pratique de ce principe expose Célestin Freinet, instituteur et éducateur prolétarien. En 1933, pour avoir entraîné les enfants à sortir de l'école, à questionner leur environnement et s'occuper, sans doute de « ce qui ne les regardait pas », il verra son école assiégée par une foule conduite par quelques propriétaires et notables de Saint-Paul de Vence.
- Principe *d'auto-organisation* qui le dispose, à travers l'échange, la discussion, la coopération, l'organisation collective, à intervenir dans le fonctionnement des institutions éducatives. Ce principe sera expérimenté et exposé par le pédagogue soviétique Pistrak dans *Les problèmes fondamentaux de l'école du travail* [23] écrit en 1923 et 1924.

Ces principes sont d'autant plus nécessaires à mettre en pratiques qu'ils correspondent à « la maturation du cerveau qui va façonner au cours de l'enfance et de l'adolescence, écrit le neurobiologiste Bernard Sablonnière, l'empathie sociale et notre capacité à synchroniser et à partager nos émotions et nos sentiments pour le reste de notre vie ». Il est tout aussi significatif que le droit civil ait en quelque sorte intégré la dimension de la maturation physique, affective, psychologique, intellectuelle et sociale dans *l'espace-temps* de l'enfance, de la minorité juridique et politique. Précédant la reconnaissance de l'enfant en tant que personne, en 2002, l'article 372-1, stipulait, dans la loi du 4 juin 1970, que « les parents associent l'enfant aux décisions qui le concernent selon son âge et son degré de maturité ». Ainsi se trouvait implicitement reconnu et intégré la notion de processus éducatif nécessitant, pour qu'il puisse être engagé, la mise en pratique des principes ci-dessus énoncés.

L'application pratique de ces principes, prenant en considération les différents âges (enfant-préadolescent-adolescent-pré-majeur) et les stades de maturation correspondants permet, en particulier, de développer ses

---

[23] Sablonnière, Le cerveau, O. Jacob, 2015, p.116.

compétences sociales. On aura compris que les prescriptions de Condorcet et de Hegel portaient en germe et, à terme, la mobilisation du *potentiel collectif* du groupe d'enfants, d'adolescents dans toutes les structures qui les accueillent collectivement. Lesquels principes seront à l'origine de la création des Centres d'Entrainement aux Méthodes d'Education Active (CEMEA) en 1936. Cette mise en pratique pourrait, alors, constituer l'argument principal d'une *conversion du projet démocratique en pratiques éducatives.*

Encore faudrait-il qu'un grand nombre d'adultes et d'éducateurs cessent d'envisager la dimension du collectif comme mauvaise et dangereuse parce qu'elle s'opposerait à la spontanéité de l'enfant, parce qu'elle serait source de conflits et générerait des symptômes. Une telle posture découle des connaissances acquises sur le développement de l'enfant, qui privilégient le registre affectif, psychologique, cognitif plus qu'intellectuel, aux dépends de sa socialisation juridique et politique. La socialisation consiste en un processus d'intégration sociale d'un sujet par sa participation aux échanges complexes à l'œuvre dans le groupe où il est inséré. « De nos jours, écrit, R Brizais, la prise en charge de plus en plus précoce des enfants fait que la famille n'est plus le lieu socialement privilégié d'une compétence éducative distribuée sur de multiples "institutions seconde de l'enfance"». (Ainsi pourrait être interprétée, en tant que dé-mission, ou « perte de mission », ladite « démission » des parents dans le cadre d'une co-éducation)[24].

Question de compétences

Les institutions d'éducation ayant en charge cette socialisation, soit l'intégration du système de règles, usages et convictions et normes, sont au cœur de cette complexité. Les options théoriques et pratiques que leurs responsables et les agents qui les font vivre tiennent pour leur

---

[24] R. Brizais. Mission et dé-mission de la famille. Ecole des parents et des éducateurs. Paris, 21 11 1998.

organisation et leur fonctionnement sont fondamentales pour l'efficacité du processus de socialisation. Mais force est de constater que les enfants et les adolescents qui sont les sujets de l'intervention éducative, sont, dans la grande majorité des cas, tenus à l'écart de la marche de l'institution, faute de reconnaître et de stimuler leurs *compétences sociales et civiques.*

La notion de compétence fait l'objet d'une méconnaissance considérable quand il s'agit des plus jeunes, lors même que leurs compétences individuelles dans différents domaines, artistiques, sportifs ou au travers de faits divers spectaculaires font l'objet d'exploitations médiatiques exacerbées. Pourtant, une circulaire du 23 juillet 2008, faisant référence au coopératives scolaires vivement conseillées par le ministère de l'Éducation nationale, dès 1929, et considérant celles-ci comme des « instruments d'éducation à la citoyenneté », faisait clairement référence aux compétences : « les projets développés au sein des coopératives scolaires, de classe, d'école ou d'établissement visent à renforcer l'esprit d'initiative, de coopération et d'entraide. Ils sont un des supports pédagogiques les mieux adaptés à la poursuite des objectifs du socle commun des connaissances et des compétences, principalement dans le domaine des compétences sociales et civiques, ainsi que dans celui de l'autonomie et de l'initiative ». L'argumentation de cette circulaire qui lie compétences sociales et civiques rassemble des concepts se situant dans la filiation des prescriptions pédagogiques de Condorcet et de Hegel et appelle implicitement à une *stratégie.*

Cependant, peu de considération est accordée aux multiples expériences éducatives et sociales témoignant de l'aspiration des enfants à la justice, à l'équité, à la responsabilité et au respect des droits humains. Peu de prise en considération, également, pour la connaissance intime et affinée qu'ils peuvent avoir des problèmes qu'ils rencontrent avec leurs pairs (et dont ils peuvent être aussi les victimes). La propension des adultes à appréhender principalement le désordre de la jeunesse au travers de l'action de minoritaires, voire de « noyaux durs » témoigne de leur incapacité et de leurs résistances à considérer que les enfants et les adolescents, en tant que groupes, peuvent représenter un potentiel éducatif mobilisable collectivement. Parce que les plus jeunes, les adolescents, en particulier, se trouvent trop habituellement perçus, au travers de l'agitation, du désordre et de la violence, les politiques publiques ne suscitent que rarement les structures de médiation nécessaires pour qu'enfants et adolescents fassent l'apprentissage de la responsabilité individuelle et collective. Ils n'y sont confrontés, trop souvent, que dans un cadre judiciaire et principalement pénal.

Une génération fait l'éducation de la suivante, nécessairement : elle impose, de nos jours et sans doute plus que jamais, dans un monde caractérisé par la complexité et l'incertitude, la participation active de celui que l'on éduque dans la perspective du renouvellement du monde que la précédente laisse en héritage. A une civilisation se pensant comme civilisation du travail et ramenant ses enjeux principaux à l'économie du travail, il s'agit de substituer une nouvelle économie : économie du capital humain, non plus seulement matérielle mais immatérielle, non plus limitée à la production de biens, mais à la promotion d'un individu constituant le socle d'une révolution démocratique, plus exactement, de son meilleur accomplissement. La promotion de cet individu recoupe le « modèle écologique » développé et approfondi dans l'ouvrage collectif de prospective *2100 Récit du prochain siècle*. A l'encontre de la stigmatisation d'un individualisme de masse négatif cultivant le chacun-pour-soi, le repli sur la sphère privée, la solitude de la déliaison sociale, il avance l'émergence d'un nouvel individu : «Dans la société d'individuation, les charges autrefois assumées par la communauté sont transférées sur l'individu. A lui de se fixer ses propres règles, d'édicter ses propres interdits et de se les imposer, à lui de conclure ses propres contrats avec le monde qui l'entoure et de les respecter. Le voici tenu d'organiser lui-même sa propre vie, de mesurer les conséquences de ses actes, de prévoir, de calculer. N'ayant plus personne sur qui se décharger, il lui faut gérer seul sa liberté et les contraintes qui l'accompagnent comme son ombre portée »[25].

---

[25] T. Gaudin, s/d, *2100* récit du prochain siècle, Payot, p.393.

Le *modèle écologique* profilerait un individu toujours en recherche de l'extension de ses marges de liberté, contemporain de l'apparition de larges constellations familiales avec familles recomposées, contemporain d'une accélération de la mobilité professionnelle suscitant de nouvelles sociabilités, contemporain d'une augmentation du capital culturel favorisant l'ouverture de nouvelles rencontres, contemporain de l'extension du domaine des loisirs, de l'essor des associations et des réseaux informels, contemporain de la disposition des technologies de communication.

Ainsi, ce modèle mettrait en exergue des valeurs devenues indispensables pour l'entreprise moderne : autonomie, capacité d'initiative, créativité, responsabilité, sens du lien social et coopération. Autant de valeurs nécessitant une formation cultivant des compétences techniques, sans doute, mais aussi sociales et civiques comme le stipulait la circulaire de 2008 de l'Education Nationale. Lesquelles compétences sociales cultivées par des pratiques fondées sur les principes des *méthodes d'éducation active* ne sauraient être disjointes des compétences civiques fondées sur la connaissance et l'exercice *des libertés publiques*. Par *libertés publiques*, il faut entendre tous les droits et toutes les libertés individuelles garantis aux personnes par la puissance publique, dans le cadre du droit positif d'un État, c'est-à-dire des lois ou principes en vigueur.

Question de libertés

Comme le rappelle Daniel Clouet, éducateur, puis magistrat : « les enfants sont titulaires de ces droits dès leur naissance. Si la minorité est une période d'incapacité, au sens juridique du terme, la restriction de l'usage qu'elle impose à titre de protection ne signifie pas que l'enfant ne soit pas titulaire des mêmes droits fondamentaux que les adultes »[26].

---

[26] D. Clouet, L enfant, l'adolescent et les libertés, Colloque Rennes, ENSP, 1989.

Faudrait-il rappeler encore que les libertés mentionnées dans la Convention internationale des Droits de l'enfant ont été intégrées dans le droit positif quand la France a ratifié cette Convention. « Les libertés reconnues aux enfants, ajoute le philosophe Alain Renault, fournissent, en fait, aux éducateurs, un cadre auquel ils peuvent et doivent se référer pour que l'éducation ne soit plus, comme il n'y a pas encore si longtemps, un dressage ne recherchant que l'efficacité d'un apprentissage »[27].

L'accession au plein exercice des droits et des libertés constitue la mission des parents et des éducateurs afin que l'enfant projeté en tant que futur-et-déjà citoyen soit disposé progressivement à la pleine capacité juridique et politique pour prendre place de façon créative, dynamique et critique dans la vie démocratique. Comment apprendrait-il, en effet, à tenir cette place de citoyen quand il ne lui aurait jamais été possible d'expérimenter ce rôle ? Et ce d'autant que cette expérimentation, notamment lors du passage de l'enfance à l'adolescence, permet des réaménagements nécessaires qu'expose le psychiatre et psychanalyste Phillipe Jeammet: « Les libertés externes que les enfants et plus encore les pré-ados et adolescents peuvent exercer concrètement, leurs permettent de réaménager leurs libertés internes pour sortir des dépendances affectives et psychologiques qui les rattachent à l'enfance »[28]. Il n'est (ou il n'était ?), en effet, rien de plus insupportable pour un enfant que de se voir répondre « quand tu seras grand » quand il aspire à exercer plus de libertés pour élargir ses compétences sociales et plus de compétences sociales pour étendre ses libertés et ses responsabilités.

Il paraît pourtant encore incongru pour nombre de parents et d'éducateurs (eux-mêmes parents) que les libertés publiques : droit d'aller-et-venir, d'expression, de réunion, de manifestation, au respect de l'intimité viennent à être évoquées, garanties et étendues à mesure que

---

[27] A. Renault. Interview, Télérama n° 2763.

[28] Ph. Jeammet. Liberté internes, libertés externes: importance de leur articulation à l'adolescence. *L'enfant, l'adolescent et les libertés*. Colloque ENSP Rennes 1989.

leurs enfants grandissent comme si elles constituaient autant de conquêtes qui mettraient en question leur autorité et seraient opposables à leur amour. Sans doute seraient-ils mieux préparés, pourtant, à élever leurs enfants, mieux à même de poser des limites et à déjouer les épreuves, s'ils se trouvaient en capacité d'argumenter leurs positions en utilisant le formidable levier des libertés.

Tant que les enfants sont restés réputés incapables de savoir où se situait leur intérêt (l'intérêt de l'enfant apparaît, dans la Code civil en 1970, et, en 1989, dans la Convention internationale des droits de l'enfant. Art.3) et, plus encore, être associés aux décisions qui les concernent, ils pouvaient être tenus dans l'incapacité de parler la langue du droit. Les droits de l'enfant ont été, depuis le proche passé de leur proclamation, le plus souvent évoqués pour lutter contre la maltraitance, l'exploitation et les violences subies en famille ou dans les institutions. La question de l'État de droit, garant des libertés publiques dans la famille et dans les institutions, est restée trop souvent méconnue, laissant le champ ouvert à arbitraire et à des violences couvertes par la loi du silence.

On a, en effet, beaucoup trop tendance à penser le statut de l'enfance et de l'adolescence en fonction de données affectives, en les situant hors du champ concret des règles que se sont données les sociétés. Et il parait, encore, toujours quelque peu incongru d'évoquer le droit, tant s'impose l'idée tenace que la « bonne foi », le « bon sens » et la compétence « naturelle » des parents, des éducateurs ou des thérapeutes ne sauraient se voir opposer des règles de droit. Pourtant, l'enfant, dès qu'il parle à peu près couramment, exprime une vision confuse, mais très intensément ressentie, du « jus » latin, concept majeur de la philosophie du droit. On aimerait croire, le prix Nobel de littérature, J.M. Cotzee qui, dans son roman *En attendant les barbares*, avance que « en venant au monde, chaque créature porte, en elle, le souvenir de la justice... ». Toutefois, différentes recherches, en neurosciences, en psychologie, en anthropologie viendraient confirmer que « l'être humain est équipé est équipé d'un "sens de l'équité", une sorte de prédisposition à traiter les autres de manière équitable »[29]. Recherches qui viendraient confirmer l'intuition de Rousseau suivant laquelle « il existerait au fond des âmes un principe inné de justice et de vertu, sur lequel, malgré nos propres maximes, nous jugeons nos actions et celles d'autrui comme bonnes ou mauvaises »[30]. Recherches qui devraient porter parents et éducateurs à cultiver la bienveillance au sein du système pédagogique, dès la première enfance, en créant les conditions permettant de l'équiper pour qu'il puisse s'insérer dans le monde suivant la pensée d'Hanna Arendt: « C'est avec l'éducation que nous décidons si nous aimons assez nos enfants pour ne pas les rejeter de notre monde, ni les abandonner à eux-mêmes, ni leur enlever la chance d'entreprendre quelque chose de neuf, que nous n'avions pas prévu, mais les préparer d'avance à la tâche de renouveler le monde commun »[31].

Question d'autorité

Les références faites, plus avant, aux principes des méthodes d'éducation active et à l'exercice des libertés publiques, si elles étaient mises en pratiques, ne manqueraient pas de problématiser la question de l'autorité, de l'autorité parentale, bien entendu, et celle des éducateurs dans les institutions accueillant enfants et adolescents. La question de l'autorité dans l'éducation constitue, en effet, un modèle (au sens scientifique) privilégié pour comprendre l'autorité publique ou politique. Elle se présente de façon profondément différente depuis que la socialisation de l'enfant n'est plus envisagée sous le seul point de vue de la société. Si, jadis, écrit la pédopsychiatre D. Marcelli, dans son ouvrage Il est permis d'obéir, la soumission de l'enfant pouvait paraître comme le principe éducatif de base, aujourd'hui, il faut inlassablement dénoncer les

---

[29] N. Baumard, *Comment sommes-nous devenus moraux?*, Odile Jacob, 2010.

[30] J.J. Rousseau, *Emile ou de l'Education*, GF Flammarion, 1966, p. 376.

[31] H. Arendt, La crise de l'éducation dans la *Crise de la culture*, Paris, Gallimard, 1954, p. 252.

effets délétères d'une éducation par la soumission »[32]. Et d'ajouter que si l'autorité implique nécessairement l'obéissance, elle doit être dissociée de l'exercice d'un pouvoir qui recherche précisément la soumission". L'obéissance, définie comme notion en-soi, a trop longtemps servi de référence pour l'évaluation d'une socialisation prenant pour étalon la conformité.

Pour comprendre la question de l'obéissance, de nos jours, il faut, donc, constamment prendre en considération la part active qui la distingue de la soumission et qui permet à l'enfant de grandir en préservant sa capacité à désobéir. Il s'agirait de ne point entraver le développement de sa puissance d'agir en lui laissant la capacité de « faire des bêtises » que Robert Musil évoque comme « une petite dose de poison indispensable pour préserver l'âme d'une santé trop quiète et trop assurée et lui en donner une plus subtile, plus aigüe et compréhensible »[33].

La question de l'autorité dans l'éducation constitue un modèle privilégié pour comprendre l'autorité publique et politique. Les modalités d'exercice de l'autorité sont les signes les plus manifestes et les plus problématiques des « styles éducatifs » que rencontrent enfants et adolescents. Ils peuvent varier des plus autoritaires aux plus démocratiques en passant par toutes les variantes du paternalisme et de la séduction. Le système pédagogique global génère plutôt le conformisme dans la mesure où la capacité des enfants et des adolescents à intervenir, et pour certains domaines délimités, à décider, leur est assez généralement déniée. Il s'agirait, évidemment, de définir clairement le champ de compétence des jeunes en fonction de leur classe d'âge pour ne pas leur laisser imaginer qu'ils auraient pouvoir de négociation, voir de décision dans tous les domaines et sur tous les sujets. Il est nécessaire de leur signaler d'emblée les objets et les domaines non négociables : là où les

---

[32] D. Marcelli., *Il est permis d'obéir. L'obéissance n 'est pas la soumission.* Albin Michel, 2009 p. 249.
[33] R. Musil, *Les désarrois de l'élève Torless,* Livre de poche 1967, 1 ed. 1906.

lois sociales s'imposent à l'institution, le pouvoir de réglementer en interne est nul.

Si l'on prend pour exemple les règles de vie quotidienne, leur élaboration suppose des négociations, des débats, des conflits. Un jeu complexe d'influence conduira à la décision. Il est donc nécessaire de les y préparer. Une expression orale satisfaisante, et la capacité d'argumenter ses arguments, ne sont pas innées. Mais les enseignants et les éducateurs semblent encore redouter qu'en donnant la parole aux enfants, aux adolescents, ceux-ci n'imposent leur loi. Faute d'une information juridique, même limitée, en droit constitutionnel, notamment, déléguer aux enfants et plus souvent aux adolescents, la possibilité d'élaborer certaines règles est éprouvée comme une remise en cause du rapport de force, voire comme un risque d'inversion statutaire. Le fantasme d'une relation fondé sur le rapport de force, où la loi est forcément la loi du plus fort, a la vie dure. L'école, le collège, le lycée, le centre de loisirs, constituent les lieux privilégiés pour l'obligation de démystifier la loi, c'est-à-dire le droit. Au lieu de cultiver la peur du gendarme, dont on se plait à dire qu'elle fait partie de la tradition, sans s'interroger plus avant, il serait pertinent d'expliquer aux jeunes les éléments fondateurs du monde dans lequel ils sont amenés à vivre.

Le potentiel de développement de l'enfant, de l'adolescent a trait à la représentation que les adultes, enseignants et éducateurs s'en font, représentation profondément transformée par les recherches multidisciplinaires contemporaines confirmant et renforçant les positions et les pratiques de Françoise Dolto, Maria Montessori et Célestin Freinet. Elles attestent que les enfants sont plus intelligents et plus actifs qu'on l'a longtemps pensé, qu'ils sont plus adultes que les adultes veulent bien le croire, que l'enfant est avide de connaître, comme l'affirmait Fénelon.

Ces recherches et expérimentations attestent encore que l'imaginaire enfantin, longtemps considéré comme monde merveilleux, le dispose à la recherche, qu'il ne porte pas à une fuite hors le réel, mais constitue, au contraire, un support d'apprentissage et un moyen d'affronter, en pensée, des situations du monde réel. Elles attestent une disposition à l'édification d'un lien social plus proche de l'individu et un désir d'implication et de participation. On ne saurait attendre qu'ils apprennent à débattre entre eux si les adultes n'y sont pas disposés par les institutions qui les accueillent. L'organisation démocratique de la collectivité permettrait à l'enfant de découvrir progressivement les valeurs qui fondent la société et les règles *du vivre-ensemble-en-commun.*

La prise en considération, par les enseignants et les éducateurs qui accueillent collectivement, *des Libertés publiques* manifesterait la reconnaissance de chaque enfant, de chaque adolescent, en tant qu'il est depuis son avènement et à mesure qu'il grandit, un *agent social* potentiel. C'est-à-dire un individu dont les actes ou les paroles peuvent produire des effets sur leur environnement familial et social. Aussi trivial que cela puisse paraître, la parole des enfants dispose d'un tel effet quand ils rappellent à leurs parents les obligations du triage des déchets parce qu'ils ont été informés à l'école de la question de la transition écologique et de la dégradation du climat. Encore faudrait-il qu'une pédagogie sollicite en lui le sujet qui aspire à lever le doigt, à donner son avis avec ses pairs sur les propositions qui concernent ses activités, ses gouts, à en faire valoir d'autres, à lui reconnaitre, en définitive, *une puissance d'agir* toujours plus intense à mesure qu'il grandit. Les compétences sociales ne sont guère reconnues, de sorte que les enfants, préadolescents, adolescents, pré-majeurs sont tenus en lisière de la société et de son fonctionnement, dans une société qui se prive trop habituellement de leur vision du monde qui n'est pas celle du « demain », mais de leur actualité.

La chose publique en question

La citoyenneté d'un jeune se réalise, ainsi, dans une succession de rapports sociaux qui sont déterminés, d'une part, par sa capacité d'autonomie et, d'autre part, par le dispositif démocratique à œuvre dans les institutions qu'il fréquente. Encore faudrait-il que la notion d'autonomie, profilée par Hegel, sorte du flou dans lequel elle est habituellement ressassée, en l'absence de définition opératoire. L'effet de ce déficit organise, alors, le consensus du « non-dit » ou du plus « besoin de dire », pour évacuer le débat sur les pratiques concrètes que la notion pourrait recouvrir. Pourtant, Hegel précisant que « l'éducation à l'indépendance devait débuter de bonne heure, là où elle est entre-soi et dans ses rapports à des personnes plus âgées » avait déjà problématisé la question. L'autonomie définie comme « capacité du sujet (ou d'un groupe) à gérer, à son initiative, ses propres dépendances »[34], suppose en effet, que l'enfant, le groupe, ne soit pas soumis à tout instant au contrôle coercitif des adultes et que ceux-ci acceptent de renoncer au recours toujours possible à leur potentiel de violence.

Le lieu où les plus jeunes seraient «entre-soi» serait précisément celui où ils pourraient échapper tant soit peu, et de plus en plus, à ce contrôle et à cette violence potentielle, celui où ils pourraient exercer les libertés publiques dès lors que ces adultes, parents et éducateurs, leurs feraient connaître. Les enfants à mesure de leur maturation peuvent-ils être mis en situation d'exercer progressivement les libertés dont ils sont constitutionnellement titulaires bien qu'ils n'en aient pas le plein exercice en tant que mineur, évidemment ? Des enfants, à l'école, en colonie de vacances, dans les divers centres d'activité périscolaires pourraient-ils être systématiquement consultés sur les activités proposées, en proposer d'autres et apprendre à *dire leur mot* en levant le doigt, en apprenant à débattre en respectant un tour de parole ? Or, très souvent, les multiples instances représentatives dans lesquelles les enfants, et, plus particulièrement, les adolescents sont appelés à participer ou siéger, après élections par leurs camarades, ne font que «singer» celles des adultes. Ne percevant guère les effets de leurs délibérations, ces instances ne leurs apparaissent guère désirables.

---

[34] Ch. Vogt, R. Brizais, Ch. Chauvigné, Y. Le Pennec, L'enfant, l'adolescent et les libertés, L Harmattan 200 p. 11.

L'émancipation de l'enfant de la modernité ne saurait se dispenser, désormais, de l'appui d'une culture juridique et politique. Non que le droit ou la philosophie politique (qui a depuis longtemps abandonné l'enfant à la pédagogie) puissent répondre en eux-mêmes et directement à l'incertitude actuelle de l'éducation. Cependant, ces deux champs disciplinaires peuvent et doivent contribuer à l'élaboration de nouveaux repères pour des parents qui depuis un demi-siècle ne peuvent plus s'appuyer sur les «recettes éducatives» («les admirables traditions») transmises par les générations. Aussi, la conviction des parents que l'amour qu'ils portent à leurs enfants, l'autorité qu'ils sont en mesure d'exercer, l'appui sur l'environnement familial et social, le recours éventuel à quelque soutien psychologique, y suffira, ne les portent guère à envisager le recours au droit et à la philosophie politique comme nécessaire et même souhaitable. Quant aux éducateurs dénués de stratégie adaptée aux enjeux qui font le sujet de cet ouvrage, ils n'y sont pas mieux disposés pour les raisons évoquées plus avant. Ainsi, la question se pose de savoir si le système éducatif global produit des individus préparés à s'intéresser à la *chose publique*, et, si, à considérer son histoire, il ne produirait pas, plutôt « un peuple de conservateurs et d'émeutiers », pour reprendre le mot de Chamfort.

La valeur éthique de l'acte éducatif suppose de prendre en compte les droits et les libertés publiques dont notre civilisation est héritière. Il importe donc pour développer la compétence sociale et civique des enfants et des adolescents de créer les conditions de leur exercice et de leur garantir. Car en omettant de les préparer sérieusement à l'exercice de ces droits et de ces libertés, on leur évite d'être mis à l'épreuve des devoirs et des obligations que *l'exercice de ces droits et de ces libertés leurs créent*. (Cette dernière précision rencontrerait l'inculture juridique du plus grand nombre porté « naturellement » à considérer que, pour l'enfant, les devoirs devraient primer sur ses droits). L'enfant, l'adolescent, considéré dans ses capacités effectives et non comme « l'homme de demain » est situé dans un ordre politique réalisé, sous un régime politique avéré qui caractérisent les nations européennes garantissant un État de droit (toujours approché). Cela veut dire que, dans toutes les structures qui l'accueillent, sa citoyenneté doit s'exercer comme une initiation à leur fonctionnement et à une implication dans leur organisation. A chaque niveau où un droit lui est reconnu, tout doit être mise en place pour qu'il puisse l'exercer pleinement sauf à l'exposer à un désabusement précoce à l'égard de la pratique démocratique qui ne saurait produire que les pires effets.

Au regard de la crise actuelle de la démocratie représentative due, pour partie, à la monopolisation par les élus du pouvoir de décider des lois et des politiques publiques et à la désaffection corrélative et croissante des citoyens, il importe donc d'affirmer la nécessité d'une participation sociale concrète et progressive des enfants et des jeunes à la démocratie sociale pour les intéresser à la *chose publique*. Cet ouvrage appelle, donc, à l'élaboration, par la société civile, *d'une culture éducative* pour des temps caractérisés par l'émancipation d'un enfant dont la représentation et le statut sont eux-mêmes les enjeux de la mutation de la société. Il s'agirait, rien moins, que de repenser l'organisation du passage de l'enfance à l'adulte suivant le projet de *conversion du projet démocratique en pratiques éducatives*.

Du même auteur :

- L'enfant, l'adolescent et les libertés. Pour une éducation à la démocratie. Ch.Vogt, R.Brizais, Ch. Chauvigné, Y. Le Pennec. L'Harmattan, 2000.

- Centre fermé, prison ouverte. Luttes sociales et pratiques éducatives spécialisées., L'Harmattan, 2004.

- Démocratie : le devoir d'éducation. L'Harmattan, 2008.

- Maurice Marland, L'homme, le professeur, le résistant. Imprimerie Josselin, Granville, 2008.

- Citations à être juste plus humains.

Imprimerie Leprêtre, Bréhal,

- L'éducation en mal d'autorité, Lâchez-moi, tenez bon". L'Harmattan, 2013.

- Une colère d'enfance. Recueil de mémoire.

Graphic Factory, Granville 2015.

- Lâchez-moi, tenez bon. Des libertés et des limites. Baudelaire 2021.